LA GUÍA C...
PARA LA INFUSIÓN
DE ALIMENTOS Y
CERVEZAS

50 INDULGENTE
Y ROBUSTO
RECETAS

ALBO CESPEDES

TABLE OF CONTENTS

INTRODUCCIÓN

Las cervezas con su sabor dulce, tostado, a malta o nuez pueden agregar profundidad a los platos, desde el desayuno hasta los refrigerios, los postres y los platos principales. . Y no se preocupe por emborracharse, prácticamente todo el alcohol se evapora durante el proceso de cocción. Estos platos harán que sus invitados se pregunten cuál es el ingrediente secreto (¡y volverán por más!).

Diferentes cervezas combinan bien con diferentes alimentos, por lo que es importante aprender las diferencias de sabor antes de ir a la cocina. La cerveza se puede dividir en dos grupos principales: ales y lagers. Ale, la cerveza original, se elabora de una manera que da como resultado sabores afrutados y terrosos. Las lagers utilizan sistemas de elaboración de cerveza más modernos para ser más ligeras y secas. Cada tipo de cerveza tiene un sabor claramente diferente que combina bien con ciertos alimentos. A continuación, encontrará un desglose de varios tipos comunes y algunas recetas que usan cada uno.

Cervezas de trigo

Las cervezas de trigo son pálidas, a menudo sin filtrar (por lo tanto, turbias) y tienen sabores afrutados, suaves y crujientes, bien combinados con ensaladas y pescados.

Pale Ale y Amarga

Su frescura atraviesa maravillosamente carnes ricas y grasosas como la caza. Pale ale es más fuerte, con más carbonatación vigorizante y va bien con todo, desde pan y queso hasta pescado y patatas fritas.

Portero

Es menos tostado que la cerveza negra y menos amarga que la cerveza pálida, y capta los sabores de los guisos especialmente bien.

cerveza negra

Stout resalta los sabores en todo, desde mariscos hasta guisos. Debido a sus notas distintivas de café y chocolate, también es perfecta para combinar con ricos postres.

CERVEZAS CASERAS

1. Cerveza de plátano

Rendimiento: 35 vasos

Ingrediente

- 5 plátanos maduros; machacado
- 5 naranjas; jugo de
- 5 limones; jugo de

- 5 tazas de agua azucarada

Mezclar y congelar. Llenar vaso grande ⅓ lleno (o más) con la mezcla congelada y agregue 7-Up, Sprite, Ginger ale, etc.

2. Cerveza de trigo Alcatraz

Rendimiento: 1 porción

Ingrediente

- 3 libras de extracto de trigo seco

- 2 libras de malta de trigo

- 1 libra de malta de cebada

- 1 libra de extracto de malta seco

- $2\frac{1}{2}$ onzas de Mt. Saltos de campana

- Levadura de cerveza de trigo Wyeast

Prepara un iniciador de levadura dos días antes. Tritura las tres libras de malta a la Miller. Hierva durante una hora, agregando 1 ½ onza de lúpulo al principio, ½ onza a los 30 minutos y ½ onza a los 5 minutos. Enfriar y echar la levadura.

Fermentar. Botella. Imprimí la mitad del lote (5 gal) con⅓taza de azúcar de maíz y la otra mitad con ½ taza de miel de trébol. Después de dos semanas, la cerveza estaba genial. La cerveza cebada con miel, sin embargo, estaba demasiado carbonatada.

3. Cerveza de raíz a & w

Rendimiento: 1 porción

Ingrediente

- $\frac{3}{4}$ taza de azúcar

- $\frac{3}{4}$ taza de agua caliente

- 1 litro de agua mineral fría

- $\frac{1}{2}$ cucharadita de concentrado de cerveza de raíz

- $\frac{1}{8}$ cucharadita de concentrado de cerveza de raíz

Disuelva el azúcar en el agua caliente. Agrega el concentrado de cerveza de raíz y deja enfriar.

Combine la mezcla de cerveza de raíz con el agua mineral fría, beba inmediatamente o guárdela en el refrigerador en un recipiente bien tapado.

4. Cerveza de ajo

Rendimiento: 1 porción

Ingrediente

- $\frac{1}{2}$ libras de extracto de malta pálida

- 4 Bulbos grandes de ajo pelados y limpios

- 1 onza de lúpulo Northern Brewer

- London Ale

Separe y pele los dientes de cuatro bulbos de ajo enteros y marque ligeramente la superficie de los dientes de ajo para aumentar la superficie durante el hervor.

Agrega el extracto, la mitad del ajo y $\frac{1}{2}$ onza de lúpulo. Hervor total de 60 minutos.

Después del hervor, enfríe el mosto y cuele el mosto enfriado en un primario de 6 $\frac{1}{2}$ galones. Después de tres días de fermento vigoroso en 6$\frac{1}{2}$ galones

5. Cerveza común de California

Rendimiento: 1 porción

Ingrediente

- $3\frac{1}{8}$ libras Superbrau Plain Light

- 3 libras de DME Briess Gold

- $\frac{1}{2}$ libras de malta Crystal - triturada

- $\frac{1}{4}$ libras de cebada malteada

- $1\frac{1}{2}$ onza de lúpulo cervecero del norte

- $\frac{1}{2}$ onza   Saltos en cascada - últimos 5 minutos

- 1 paquete de Wyeast 2112 o 1 Amsterdam Lager

- 4 onzas de azúcar de imprimación

Coloque la cebada malteada en una bandeja para hornear galletas a 350 grados durante 10 minutos. Retirar y triturar ligeramente con un rodillo. Coloque los granos triturados en una bolsa de muselina, póngalos en 1 galón de agua fría y déjelos hervir. Quite los granos. Retire la olla del fuego, agregue el almíbar y el DME y revuelva hasta que se disuelva.

Vuelva a calentar y agregue $1\frac{1}{2}$ onzas de lúpulo cervecero del norte y hierva durante 30-45 minutos. Agregue $\frac{1}{2}$ onza de lúpulo en cascada durante los últimos 5 minutos de ebullición. Agregue a 4 galones de agua fría.

6. Cerveza de raíz de seis horas

Rendimiento: 1 porción

Ingrediente

- 2 tazas de azúcar

- 1 cucharadita de levadura

- 2 cucharadas de extracto de cerveza de raíz

Coloque los ingredientes en una jarra de un galón con aproximadamente un litro de agua muy tibia. Revuelva hasta que los ingredientes estén bien mezclados.

Termina de llenar la jarra con agua tibia. Deje reposar seis horas (solo coloque la tapa encima, no enrosque). Al final de las seis horas, enrosque la tapa y refrigere.

7. Cerveza maerzen

Rendimiento: 54 porciones

Ingrediente

- 4 libras de malta pálida

- 3 libras de extracto seco ligero

- $\frac{1}{2}$ libras de malta Crystal (40L)

- 2 onzas de malta de chocolate

- $\frac{1}{2}$ libras de malta tostada

- $\frac{1}{2}$ libra de malta Munich

- 2 onzas de malta dextrina

- 2½ onzas de lúpulo Tettnanger (4.2 alfa)

- ½ onza   Saltos en cascada (5.0 alfa)

- 3 cucharaditas Yeso

- Levadura lager seca Vierka

Preparar el iniciador de levadura 2 días antes

Agregue 8 pintas de agua hirviendo y caliente a 154 grados. Deje reposar durante al menos 30 minutos. Llevar a 170 grados durante 5 minutos para machacar. Rocíe con 2 galones de agua. Agregue el extracto seco, deje hervir. Hervir 15 minutos y agregar una onza de Tettnanger. Hervir una hora. Agregue 1 onza de Tettnanger a los 30 minutos. Agregue ½ onza de Tettnanger y ½ onza de Cascade a los 5 minutos. Colar y enfriar.

8. Cerveza artesanal

Rendimiento: 1 porción

Ingrediente

- 1 Picotear un buen salvado de trigo

- 3 Un puñado de lúpulos

- 2 cuartos de melaza

- 2 cucharadas de levadura

- 10 galones de agua

Ponga el salvado y el lúpulo en agua y hierva hasta que el salvado y el lúpulo se hundan hasta el fondo. Colar a través de un paño fino en una hielera.

Cuando esté tibio, agregue melaza. Tan pronto como se disuelva la melaza, vierta todo en un barril de 10 galones y agregue la levadura.

Cuando termine la fermentación, tapar la barrica y estará lista en 4-5 días.

9. Cerveza de arándano

Rendimiento: 1 porción

Ingrediente

- 6 libras de extracto de malta seco extra ligero

- 1 libra de malta de Munich

- 1 onza de Fuggles hirviendo

- 3 Bolsas de arándanos congelados

- Fuggles de 1 onza como lúpulos finales

- Levadura

Descongele las bayas y mezcle con suficiente agua para hacer un poco más de 2 litros de aguanieve.

Mientras tanto, prepare una infusión de extracto normal utilizando la malta de Munich como grano especial.

Al final de la hora de ebullición, agregue los lúpulos de acabado y vierta el líquido de arándano durante el último minuto o dos mientras apaga el fuego.

Botella después de una semana

10. Cerveza de jengibre cordial

Rendimiento: 1 porción

Ingrediente

- 2 onzas de jengibre de raíz, pelado y picado

- 1 libra de azúcar granulada

- ½ onza de ácido tartárico

- Jugo de 1 limón

- 1 limón, en rodajas

Ponga el jengibre, el azúcar, el ácido tartárico y el limón en un bol y cúbralo con 1 galón de agua hirviendo. Revuelva hasta que el azúcar se haya disuelto.

Dejar reposar unos tres o cuatro días, luego colar y verter el líquido en botellas esterilizadas. Estará listo y realmente delicioso para beber después de unos pocos días y se puede diluir con bastante facilidad con agua sin gas o con gas.

11. Enfriador de cerveza de tomate

Rendimiento: 6 porciones

Ingrediente

- 1½ tazas de jugo de tomate, frío

- 2 latas (12 oz cada una) de cerveza

Guarnación:

- cebollas verdes

- salsa de pimiento rojo

- sal y pimienta

Mezcle $1\frac{1}{2}$ tazas de jugo de tomate, enfriado y 2 latas (12 oz cada una) de cerveza, enfriadas. Vierta en vasos helados. Sirva inmediatamente con cebollas verdes para revolver y, si lo desea, con salsa de pimiento rojo, sal y pimienta.

CÓCTELES DE CERVEZA

12. Cerveza margarita

Rendimiento: 1 porción

Ingrediente

- Lata de 6 onzas de limón verde concentrado congelado

- 6 onzas de tequila

- 6 onzas de cerveza

Combine los ingredientes en la licuadora, agregue un par de cubitos de hielo y mezcle brevemente. Deje reposar durante unos minutos.

Vierta el contenido sobre hielo en un vaso con borde de sal.

13. Chelada clásica

Ingredientes

- 12 onzas de cerveza lager mexicana

- 1 onza (2 cucharadas) de jugo de lima

- 1 pizca de sal

- Hielo, para servir (pruebe con hielo transparente)

- Para el borde: 1 cucharada de sal marina fina y Old Bay

Instrucciones

En un plato, mezcle el Old Bay y la sal y extiéndalo en una capa uniforme. Corta una muesca en una rodaja de lima y luego pasa la lima alrededor del borde de un vaso. Sumerja el borde del borde en un plato de sal.

Agrega el jugo de lima y una pizca de sal al vaso de cerveza. Llena el vaso con hielo y vierte la cerveza. Revuelva suavemente y sirva.

14. Michelada

Ingredientes

- Cerveza lager mexicana de 12 onzas

- 1 ½ onzas (3 cucharadas) de jugo de limón

- ½ onza (1 cucharada) de jugo de salsa

- 1 cucharadita de salsa Worcestershire

- 1 cucharadita de salsa picante (como Cholula)

- Hielo, para servir

Instrucciones

En un plato, mezcle el Old Bay, el chile en polvo y la sal de apio y extiéndalo en una capa uniforme. Corta una muesca en una rodaja de lima y luego pasa la lima alrededor del borde de un vaso. Sumerja el borde del borde en un plato de condimentos.

En el vaso, mezcle el jugo de limón, el jugo de salsa (use un colador de malla fina para colar el jugo de salsa de unas cucharadas de salsa), la salsa Worcestershire y la salsa picante.

Llena el vaso con hielo. Cubra con la cerveza y revuelva suavemente.

15. Bebida de terciopelo negro

Ingredientes

- 3 onzas de vino espumoso, como champán o Prosecco

- 3 onzas de cerveza fuerte, como Guinness

Instrucciones

Vierta el vino espumoso en una flauta o highball.

Vierta la cerveza negra. Revuelva con una cuchara de bar si lo desea, o déjelo reposar durante un minuto más o menos para permitir que los sabores se combinen

Servir inmediatamente.

16. Shandy clásico

Ingredientes

- 6 onzas de cerveza pale ale o cerveza lager

- 6 onzas de ginger ale, cerveza de jengibre, refresco de lima limón (Sprite) o limonada con gas

- Para la guarnición: rodaja de limón (opcional)

- Opcional: 1 pizca de amargo agrega un sabor complejo

Instrucciones

Agregue la cerveza y la batidora a un vaso y revuelva suavemente para combinar. Se decora con una rodaja de limón.

17. Shandy de pomelo

Ingredientes

- 1 onza de almíbar simple

- 3 onzas de jugo de toronja

- 2 onzas de agua con gas

- 6 onzas de cerveza artesanal de trigo (o cerveza light)

- Para la guarnición: gajo de toronja (opcional)

Instrucciones

En un vaso de cerveza, revuelva el almíbar simple y el jugo de toronja.

Agregue el agua de soda y la cerveza y revuelva suavemente para combinar. Adorne con una rodaja de pomelo y sirva.

18. Spritzer de fresa y pepino

Ingredientes:

- Spritzer Stella Artois de 6 oz
- 1 oz de ginebra
- .5 oz de licor de flor de saúco
- 2 rodajas de pepino
- 2 fresas

Direcciones:

En una coctelera, mezcle bien las rodajas de pepino y las fresas. Agregue la ginebra, el licor de flor de saúco y agite sobre hielo.

Colar en un vaso. Agregue Stella Artois Spritzer.

Adorne con una cinta de pepino ensartada y una rodaja de fresa.

19. Margarita de cerveza

Ingredientes:

- 1 onza. Tequila

- 1 onza. Crema de pomelo Tattersall

- .5 oz. Jugo de lima

- 6 onzas. Cerveza baja en calorías

Direcciones:

Combine todos los ingredientes en un vaso con hielo. Adorne con una rodaja de lima.

Borde de sal opcional

20. Shot de lima bacardi con cerveza

Ingredientes:

- 12 partes de cerveza

- 1 parte de lima Bacardí

Direcciones:

Vierta la cerveza en un vaso. Vierta el ron con sabor a lima BACARDÍ en un vaso de chupito y luego viértalo en la cerveza.

21. Fidelito

Ingredientes:

- 12 onzas. Modelo Negra
- 1 ½ oz. Tequila Casa Noble Reposado
- ½ oz. PIMM'S THE ORIGINAL No. 1 Cup
- 1 onza. jugo de lima
- 1 onza. jarabe de vainilla
- 2 guiones amargos
- Hojas de menta

Direcciones:

Mezcle todos los ingredientes en una coctelera con hielo, excepto Modelo Negra y hojas de menta.

Agitar y verter sobre hielo. Cubra con Modelo Negra.

Sirva la cerveza restante con el cóctel. Adorne con hojas de menta.

22. Beermosa

Ingredientes:

- 6 oz de cerveza de trigo
- 2 oz de cava
- 2 oz de jugo de toronja recién exprimido

Direcciones:

Mezclar la cerveza y el cava, introducir el zumo de pomelo y mezclar.

23. Calderero de sol

Ingredientes:

- 1 lata de cerveza rubia pálida
- 1,5 oz. de bourbon
- Lima limón hielo espumoso
- Limón (guarnición)

Direcciones:

En un vaso de pinta, vierta la cerveza en un ángulo para eliminar la espuma. Agregue 1.5 oz. de bourbon. Cubra con lima limón y hielo espumoso. Adorne con una rodaja de limón.

24. Cinco

Ingredientes:

- 12 onzas. Modelo Negra
- 1 onza. tequila reposado con infusión de jalapeño
- 1 onza. Licor de Chile
- 1 onza. jugo de limón fresco
- ½ oz. agave
- Sal de chile picante
- Rueda de cal

Direcciones:

Borde un vaso alto con sal de chile picante. Agregue el tequila, el licor de Chile, la lima fresca y el agave en una coctelera.

Agite y cuele sobre hielo fresco. Rematar con cerveza. Sirva el Modelo Negra restante con el cóctel.

Adorne con un borde de sal de chile picante y una rodaja de limón.

25. Fudge de cerveza y chucrut

Rendimiento: 10 porciones

Ingrediente

- $\frac{2}{3}$ Taza de mantequilla

- $1\frac{1}{2}$ taza de azúcar

- 3 huevos

- 1 cucharadita de vainilla

- $\frac{1}{2}$ taza de cacao

- $2\frac{1}{4}$ taza de harina tamizada

- 1 cucharadita de levadura en polvo

- 1 cucharadita de refresco

- 1 taza de cerveza

- $\frac{2}{3}$ taza de chucrut

- 1 taza de pasas

- 1 taza de nueces picadas

Licue todo.

Conviértalo en dos moldes para pasteles engrasados y enharinados de 8 o 9 pulgadas. Hornee a 350 por 35 minutos. Deje enfriar y congelar como desee.

26. Galletas de cerveza

Rendimiento: 4 porciones

Ingrediente

- 2 tazas de harina sin blanquear

- 3 cucharaditas de polvo para hornear

- 1 cucharadita de sal

- $\frac{1}{4}$ taza de manteca vegetal

- $\frac{3}{4}$ taza de cerveza

Precaliente el horno a 450 grados F. Tamice los ingredientes secos juntos. Cortar en manteca hasta que tenga una consistencia de harina de maíz.

Agregue la cerveza, amase ligeramente y extienda hasta que tenga un grosor de $\frac{1}{2}$ pulgada. Hornee de 10 a 12 minutos o hasta que estén doradas.

27. Pastel de cerveza con especias

Rendimiento: 12 porciones

Ingrediente

- 3 tazas de harina

- 2 cucharaditas de bicarbonato de sodio

- ½ cucharadita de sal

- 1 cucharadita de canela

- ½ cucharadita de pimienta de Jamaica

- ½ cucharadita de clavo

- 2 tazas de azúcar morena, empacada

- 2 huevos batidos

- 1 taza de manteca

- 1 taza de pasas o dátiles picados

- 1 taza de nueces pecanas / nueces picadas

- 2 tazas de cerveza

Tamice los ingredientes secos. Batir la manteca y el azúcar; agregue los huevos.

Mezcle frutas y nueces con 2 cucharadas de la mezcla de harina. Agregue la mezcla de harina alternativamente con cerveza. Agregue frutas y nueces.

Vierta en un molde para tubos de 10 pulgadas engrasado y enharinado y hornee a 350F durante 1 hora, o hasta que la torta esté lista.

28. Sopa de queso y cerveza con palomitas de maíz

Rendimiento: 7 porciones

Ingrediente

- $\frac{1}{4}$ de taza de margarina

- 1 taza de cebolla; Cortado

- $\frac{1}{2}$ taza de apio; Cortado

- $\frac{1}{2}$ taza de zanahoria; Cortado

- $\frac{1}{4}$ de taza de perejil fresco; Cortado

- 2 Dientes de ajo; picado

- $\frac{1}{4}$ taza de harina

- 3 cucharaditas de mostaza seca

- Pimienta al gusto

- 2 tazas mitad y mitad

- 1 taza de caldo de pollo

- $2\frac{1}{2}$ taza de queso americano

- 12 onzas de cerveza

- 2 tazas de palomitas de maíz; estalló

Derrita la margarina en una cacerola grande o en una olla a fuego medio. Agregue todo.

Cocine sin tapar a fuego medio de 10 a 15 minutos o hasta que la sopa esté espesa y bien caliente.

29. Manzanas rellenas al horno con cerveza

Rendimiento: 6 porciones

Ingrediente

- 6 medianas Cocinar manzanas

- ½ taza de pasas

- ½ taza de azúcar morena compacta

- 1 cucharadita de canela

- 1 taza de cerveza Great Western

Manzanas de corazón

Retire una tira de cáscara de 1 pulgada alrededor de la parte superior.

Mezclar pasas, azúcar morena y canela. Llenar centros de manzana

Coloque las manzanas en una fuente para hornear. Vierta la cerveza Great Western.

Hornee a 350 grados F durante 40 a 45 minutos, o hasta que estén tiernos, rociando ocasionalmente.

30. Tarta de queso cheddar y cerveza

Rendimiento: 16 porciones

Ingrediente

- $1\frac{1}{4}$ taza de migas de galletas Gingersnap

- 1 taza más 2 cucharadas de azúcar, cantidad dividida

- 1 cucharadita de jengibre molido

- $\frac{1}{4}$ de taza de mantequilla o margarina sin sal,

- 24 onzas de queso crema

- 1 taza de queso cheddar fuerte

- 5 grandes   Huevos, a temperatura ambiente

- $\frac{1}{4}$ taza de cerveza sin alcohol

- $\frac{1}{4}$ taza de crema espesa

Combine las migas de galleta, 2 cucharadas de azúcar, jengibre y mantequilla. Presione firmemente en el fondo de la sartén preparada. Enfríe mientras hace el relleno.

Batir ambos quesos hasta que estén suaves. Agregue el azúcar, los huevos, uno a la vez, batiendo hasta que se combinen. A baja velocidad, agregue la cerveza y la crema espesa. Verter en el molde preparado.

Hornee por $1\frac{1}{2}$ horas o hasta que el centro esté firme y la parte superior esté ligeramente dorada, pero no se dore.

31. Cerveza de frutas británica

Rendimiento: 1 porción

Ingrediente

- 3⅓ libras de malta Amber

- 2 libras de cerveza ámbar M&F

- 1 libra de malta Crustal, triturada

- 2 onzas de lúpulo de cerveza del norte

- 1 onza   Lúpulo fuggles

- 4 libras de arándanos, frambuesas o

- 1 paquete de levadura ale EDME

- 4 onzas Azúcar de cebado

Coloque los granos triturados en una bolsa de muselina y colóquelos en 1 galón de agua fría. Llevar a ebullición, quitar los granos.

Retire la olla del fuego y agregue el almíbar y el DME. Revuelva hasta que se disuelva. Regrese la olla al fuego y agregue 2 oz de lúpulo de cerveza del norte. Hervir durante 30-45 minutos. Agregue los lúpulos de higos durante los últimos 5 minutos de ebullición. Agregue fruta al mosto cuando termine de hervir.

Deje reposar durante $\frac{1}{2}$ hora y agregue 4 galones de agua fría.

32. Pan de cerveza básico

Rendimiento: 1 porción

Ingrediente

- 3 tazas de harina

- $3\frac{3}{4}$ cucharadita de polvo de hornear

- $2\frac{1}{4}$ cucharadita de sal

- 1 lata de cerveza

- 1 cucharada de miel

Engrase el molde para pan. Combine la harina, el polvo de hornear, la sal, la cerveza y la miel en un tazón grande, revuelva hasta que esté bien mezclado.

Hornee en horno precalentado a 350 F durante 45 minutos. Encienda la rejilla y deje enfriar.

33. Muffins de cerveza con queso

Rendimiento: 6 porciones

Ingrediente

- 1 taza de harina para todo uso

- $\frac{3}{4}$ taza de queso cheddar bajo en grasa

- 4 cucharaditas de azúcar

- $1\frac{1}{4}$ cucharadita de polvo para hornear

- $\frac{1}{4}$ de cucharadita de bicarbonato de sodio

- $\frac{1}{4}$ de cucharadita de sal

- ⅔ taza de cerveza

- 1 huevo batido

Caliente el horno a 375F

Rocíe 6 moldes para muffins con aceite en aerosol antiadherente.

Coloque la harina con una cuchara en una taza medidora; estabilizarse. En un tazón mediano, combine la harina, el queso, el azúcar, el polvo de hornear, el bicarbonato de sodio y la sal; mezclar bien. Agrega la cerveza y el huevo; revuelva hasta que los ingredientes secos estén humedecidos. Divida la masa de manera uniforme en moldes para muffins rociados, llenando cada uno aproximadamente $\frac{3}{4}$ de su capacidad.

Hornee a 375F durante 17 a 22 minutos o hasta que se doren y al insertar un palillo en el centro, éste salga limpio. Sirva tibio oa temperatura ambiente.

34. Pan de cerveza de eneldo

Rendimiento: 12 porciones

Ingrediente

- 3 tazas de harina

- 1 cucharada de azúcar

- 1½ cucharada de levadura en polvo

- ¼ de cucharadita de sal

- 12 onzas de cerveza

- 3 cucharadas de eneldo fresco

Precalienta el horno a 375 grados. Unte con mantequilla un molde para pan o rocíe con aceite vegetal en aerosol. Tamizar la harina, el azúcar, el polvo de hornear y la sal en un bol. Agrega la cerveza y el eneldo. Raspe la masa en el molde para pan preparado y hornee en el centro del horno durante 55 a 60 minutos, o hasta que se dore en la parte superior y un cuchillo insertado en el centro salga limpio.

Deje reposar en la sartén durante 10 minutos y luego enfríe sobre una rejilla.

35. Nueces de cerveza

Rendimiento: 1 porción

Ingrediente

- 2 tazas de maní crudo (sin piel)

- 1 taza de AZÚCAR

- $\frac{1}{2}$ taza de AGUA

- Unas gotas de colorante alimentario ROJO

Mezclar - Cocine en una sartén pesada a fuego medio hasta que se acabe el agua (unos 10-15 minutos). Unte sobre una bandeja para hornear. Hornee 1 hora a 250°C.

36. Espárragos fritos en rebozado de cerveza

Rendimiento: 1 porción

Ingrediente

- 1 cada uno A 2 libras de espárragos

- 1 taza de harina

- 1 lata de cerveza

- Sal y pimienta

- Polvo de ajo

- Sal sazonada

- Condimento italiano, al gusto

- Aceite de oliva

Mezcle flores y condimentos. Agregue cerveza a los ingredientes para freír mezclando lentamente hasta que estén lo suficientemente espesos como para adherirse a los espárragos. Corte los espárragos en trozos de dos pulgadas o déjelos enteros.

Freír en dos pulgadas de aceite de oliva hasta que estén doradas, volteando una vez.

37. Galletas spritz de naranja

Rendimiento: 1 porción

Ingrediente

- $2\frac{1}{4}$ taza de harina

- 1 cucharada de levadura en polvo

- $\frac{1}{4}$ de cucharadita de sal

- $\frac{3}{4}$ taza de mantequilla

- $\frac{1}{2}$ taza de azúcar

- 1 huevo

- 2 cucharaditas de piel de naranja rallada

- $\frac{1}{2}$ cucharadita de extracto de almendra

Combine la harina, el polvo de hornear y la sal; dejar de lado.

Batir la mantequilla y el azúcar hasta que esté suave y esponjoso, batir el huevo, la piel de naranja y el extracto de almendras.

Agregue los ingredientes secos y bata hasta que se combinen.

No enfríes la masa.

Empaque la masa en la prensa para galletas. Forzar la masa a través de la prensa sobre una bandeja para hornear sin engrasar. Si lo desea, decore con azúcar de colores o caramelos.

Hornee a 400 ~ durante 6-8 minutos. Retirar a rejillas de alambre para enfriar.

38. Pastelitos de cerveza

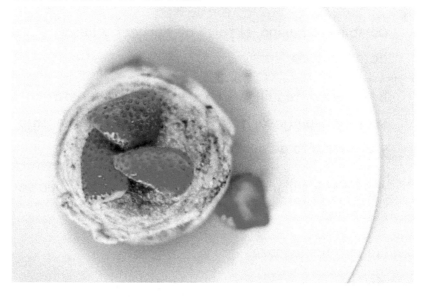

Rendimiento: 4 porciones

Ingrediente

- $1\frac{3}{4}$ taza de harina para todo uso

- $1\frac{1}{2}$ cucharadita de polvo de hornear

- $\frac{1}{2}$ cucharadita de bicarbonato de sodio

- $\frac{1}{2}$ cucharadita de sal

- 1 taza de azúcar morena compacta

- $\frac{1}{2}$ taza de cerveza

- 1 huevo

- 3 cucharadas de aceite

- 1 cucharada de melaza

- 1 botella de cerveza

- 1 cucharada de mantequilla (opcional)

Mezcle los ingredientes secos. Batir el huevo con aceite y melaza. Agregue a los ingredientes secos junto con la cerveza.

Con una cuchara, coloque la masa en una plancha caliente y ligeramente engrasada.

Unte con el dorso de una cuchara de $3\frac{1}{2}$ a 4 pulgadas de diámetro. Cocine hasta que se dore, volteando una vez.

Para el almíbar, combine los ingredientes en una cacerola y hierva por minutos.

39. Smokies en cerveza y miel

Rendimiento: 6 porciones

Ingrediente

- 1 libra de smokie-links en miniatura

- 12 onzas de cerveza

- $\frac{1}{2}$ taza de miel

Dore los ahumados en una sartén lo suficientemente grande como para contener todos los ingredientes.

Vierta la cerveza y la miel sobre los ahumados y déjelos hervir. Reducir el fuego y tapar.

Cocine a fuego lento durante 15 minutos. Transfiera a un plato para servir y apártese.

40. Aros de cebolla rebozados de cerveza

Rendimiento: 2 porciones

Ingrediente

- 1⅓ taza de harina para todo uso

- 1 cucharadita de sal

- ¼ de cucharadita de pimienta

- 1 cucharada de aceite

- 2 yemas de huevo

- ¾ taza de cerveza

- 2 cebollas blancas grandes en rodajas de 1/4 de pulgada de grosor

- Aceite para freír

Mezclar la harina, la sal, la pimienta, el aceite y las yemas. Incorpora la cerveza poco a poco. Refrigere la masa durante 3 horas y media para que repose antes de usarla.

Corta las cebollas en rodajas y sumérgelas en la masa. Freír en aceite a 375F hasta que estén doradas. Esta masa también funciona bien con otras verduras además de los aros de cebolla, y también es excelente con el pescado.

DIPS, SPREADS Y ESPECIAS

41. Dip de queso y cerveza

Rendimiento: 1 porción

Ingrediente

- 1 taza de requesón; cuajada pequeña

- 3 onzas de queso crema

- $2\frac{1}{4}$ onzas de jamón endiablado

- $\frac{1}{4}$ de taza de cerveza; Nuevo solsticio de Glarus

- $\frac{1}{2}$ cucharadita de salsa picante

- 1 pizca de sal

- Perejil; para Decorar

Ponga todos los ingredientes excepto el perejil en un tazón y bata hasta que quede suave. Colocar en un bol y decorar con perejil.

42. Rebozado de cerveza tempura

Rendimiento: 1 porción

Ingrediente

- 1¼ taza Harina

- 1 cucharadita de sal

- 1 cucharadita de pimienta negra finamente molida

- ½ cucharadita de Cayena

- 1 cerveza lager de 12 onzas; (frío)

- Aceite vegetal para freír; (360 grados F.)

Batir rápidamente; ¡No te excedas de Mix! Deje grumos y use la masa inmediatamente.

43. Salsa barbacoa alemana

Rendimiento: 12 porciones

Ingrediente

- 2 Botellas (14 oz) de salsa de tomate

- 1 Botella (12 oz) de chile salsa

- ½ taza de mostaza preparada

- 1 cucharadita de mostaza seca

- 1 cucharadita de sal

- 1½ taza Azúcar morena; firmemente embalado

- 2 cucharadas de pimienta negra

- 1 botella (5 oz) de salsa para bistec

- ½ taza de salsa Worcestershire

- 1 cucharada de salsa de soja

- 1 botella (12 oz) de cerveza

- 2 cucharaditas de ajo picado

Combine todos los ingredientes, excepto el ajo, en una cacerola y cocine a fuego lento durante 30 minutos a fuego medio. Agregue ajo picado antes de usar.

Rocíe la carne durante los últimos 15 minutos de tiempo de asado.

44. Fregona de cerveza básica

Rendimiento: 3 porciones

Ingrediente

- 12 onzas de cerveza

- ½ taza de vinagre de sidra

- ½ taza de agua

- ¼ taza de aceite de canola

- ½ cebolla mediana, picada

- 2 Dientes de ajo Diente de ajo, Picado

- 1 cucharada de salsa Worcestershire

- 1 cucharada de Dry Rub

Combine todos los ingredientes en una cacerola. Calienta la fregona y úsala tibia.

45. Rebozado de cerveza para pescado

Rendimiento: 6 porciones

Ingrediente

- 1 taza de harina para todo uso

- $\frac{3}{4}$ cucharadita de polvo de hornear

- $\frac{1}{2}$ cucharadita de sal

- $\frac{1}{2}$ taza de agua

- $\frac{1}{2}$ taza de cerveza

- 1 cada huevo

- Aceite vegetal para freír

- 2 libras de filetes de pescado

Una de las mejores recetas de masa que existen.

En un tazón, mezcle la harina, el polvo de hornear y la sal. Haga un hueco en el centro; vierta agua, cerveza y huevo, batiendo para hacer una masa suave. Deje reposar 20 minutos.

Caliente el aceite en una cacerola grande a 350F

Sumerja los filetes de pescado en la masa, agregando al aceite caliente uno a la vez. Cocine unos 5 minutos, volteando una o dos veces, hasta que estén doradas y crujientes. Retirar a un plato forrado con toallas de papel.

46. Crema de cerveza y edam

Rendimiento: 3 tazas

Ingrediente

- 2 Rondas de 7 onzas de queso Edam

- Cartón de 8 onzas de crema agria láctea

- $\frac{1}{4}$ taza de cerveza

- 2 cucharaditas de cebollino cortado

- Cebollino cortado

- Galletas variadas

Lleve el queso a temperatura ambiente. Corte un círculo de la parte superior de cada ronda de queso, aproximadamente a $\frac{1}{2}$ pulgada del borde. Retire el círculo cortado de la capa de parafina.

Saque el queso con cuidado, dejando $\frac{1}{2}$ pulgada de queso intacta para formar una cáscara.

Coloque la crema agria, la cerveza, las cebolletas y el queso en una licuadora o en un procesador de alimentos. Cubra y procese hasta que quede suave, deteniendo la máquina ocasionalmente para raspar los lados.

Coloque la mezcla de queso en las cáscaras.

Cubra y enfríe varias horas o toda la noche.

Adorne con cebollino, si lo desea. Sirve con galletas saladas.

47. Dip de cerveza con queso y chile

Rendimiento: 1 porción

Ingrediente

- 2 tazas de queso cheddar picante rallado

- $\frac{3}{4}$ taza de cerveza (no oscura)

- 2 tazas de Jarlsberg rallado

- $\frac{1}{2}$ taza de tomates enlatados escurridos

- 2 cucharadas de harina para todo uso

- 1 botella de chile jalapeño en escabeche, picado

- 1 cebolla pequeña; picado

- Tortilla chips como acompañamiento

- 1 cucharada de mantequilla sin sal

En un bol echa los quesos con la harina y reserva la mezcla.

En una cacerola grande y pesada cocine la cebolla en la mantequilla a fuego moderadamente bajo, revolviendo, hasta que se ablande, agregue la cerveza, los tomates y el jalapeño, y cocine a fuego lento la mezcla por 5 minutos.

Agregue la mezcla de queso reservada por $\frac{1}{2}$ taza a la mezcla de cerveza, revolviendo después de cada adición hasta que los quesos se derritan, sirva la salsa con las papas fritas. Rinde $4\frac{1}{2}$ tazas

48. Salsa de pescado a la cerveza

Rendimiento: 1 porción

Ingrediente

- 1 taza de mayonesa

- $\frac{1}{4}$ taza de salsa de tomate

- $\frac{1}{4}$ taza de cerveza

- 1 cucharada de mostaza preparada

- 1 cucharada de jugo de limón

- 1 cucharadita de rábano picante preparado

Combina todos los ingredientes.

Enfriar y servir con pescado.

49. Marinada de cerveza para ternera

Rendimiento: 8 porciones

Ingrediente

- 2 latas de cerveza (latas de 12 oz o 10 oz)

- 2 cucharaditas de sal

- $\frac{1}{2}$ taza de aceite de oliva

- 1 cucharadita de pimienta de cayena molida

- 1 cucharada de vinagre de vino

- 1 cucharada de rábano picante preparado

- 1 cucharadita de cebolla en polvo

- 2 cucharadas de jugo de limón

- 1 cucharadita de ajo en polvo

Mezcle todos los ingredientes y utilícelos como adobo.

Luego úselo como salsa para rociar la carne mientras se cocina.

50. Salsa de cerveza mexicana

Rendimiento: 4 porciones

Ingrediente

- 4 chiles anchos secos cada uno

- 6 tomates maduros grandes

- $\frac{3}{4}$ taza de cebollas blancas picadas

- 4 dientes de ajo cada uno

- 1 cucharada de sal gruesa

- $\frac{1}{2}$ cucharadita de pimienta negra

- $\frac{1}{2}$ taza de cerveza mexicana

- $\frac{1}{2}$ taza de hojas de cilantro picadas

Precaliente el horno a 400 grados. Remoje los anchos en agua caliente hasta que estén blandos, aproximadamente de 10 a 15 minutos. Escurrir el agua y el tallo y la semilla de los chiles. (Use guantes). Coloque los tomates, la cebolla, el ajo y los chiles en una fuente para asar y ase en el horno durante 20 minutos hasta que las cáscaras de los tomates se quemen.

Retire y coloque todo en la licuadora o procesador de alimentos y presione brevemente hasta que esté hecho puré pero aún con trozos. Vierta en una cacerola y cocine a fuego lento. Agregue sal, pimienta y cerveza. Retirar del fuego y agregar el cilantro. Sirva caliente. Rinde 4 tazas

CONCLUSIÓN

Los méritos de cocinar e infundir cerveza se extienden mucho más allá de abrir una fría después de un largo día. También se pueden utilizar brebajes de todos los tonos para cocinar ...

Vale la pena tomarse el tiempo y el esfuerzo para combinar la cerveza con la comida. El mismo principio se aplica cuando se usa vino para agregar cuerpo y sabor a los platos, y la cerveza es (generalmente) más barata que el vino. Como la cerveza es tan compleja, debes usar diferentes tonos y estilos para las recetas adecuadas, ¡y este libro te ha equipado con ideas para comenzar!

Lightning Source UK Ltd.
Milton Keynes UK
UKHW020730210621
385887UK00005B/161

9 781802 888003